MARIMARIA

São Paulo
2017

© 2017 by Universo dos Livros
Todos os direitos reservados e protegidos pela Lei 9.610 de 19/02/1998.
Nenhuma parte deste livro, sem autorização prévia por escrito da editora,
poderá ser reproduzida ou transmitida sejam quais forem os meios empre-
gados: eletrônicos, mecânicos, fotográficos, gravação ou quaisquer outros.

Diretor editorial: **Luis Matos**
Editora-chefe: **Marcia Batista**
Assistentes editoriais: **Aline Graça e Letícia Nakamura**
Preparação: **Alexander Barutti**
Revisão: **Monique D'Orazio e Guilherme Summa**
Arte: **Aline Maria e Valdinei Gomes**
Projeto gráfico e diagramação: **Aline Maria**
Capa e imagem de capa: **Ricky Loures**
Imagens de miolo: **Caio Souza e acervo pessoal de Mari Maria**

Dados Internacionais de Catalogação na Publicação (CIP)
Angélica Ilacqua CRB-8/7057

M285
    Mari Maria
    Mari Maria : por trás da máscara / Mari Maria. – São Paulo :
Universo dos Livros, 2017.
    144 p.
    ISBN: 978-85-503-0234-8
    1. Mari Maria – Biografia 2. Internet – Vídeos 3. Vlogs (Internet)
4. YouTube (Recurso eletrônico) 5. Beleza 6. Maquiagem (Técnica)
7. Autoestima 8. Assédio I. Título

17-1495   CDD 920

Universo dos Livros Editora Ltda.
Rua do Bosque, 1589 – Bloco 2 – Conj. 603/606
CEP 01136-001 – Barra Funda – São Paulo/SP
Telefone/Fax: (11) 3392-3336
www.universodoslivros.com.br
e-mail: editor@universodoslivros.com.br
Siga-nos no Twitter: @univdoslivros

Sumário

Introdução	11
Nova demais para me aceitar?	17
A casa das seis Marias	25
Minha "base"	29
Anjos em minha vida	35
Uma mente sã num corpo são	43
Superação	49
Amor	53
Felizes para sempre	59
Viralizou!	63
A louca da maquiagem	75
Minha (nada mole) vida de youtuber	79
Minha marca	89
O que não pode faltar no seu kit de *make*	97
O guia do pincel ideal	103
O valor da *make*	113
Minha pele, minha vida	117
Mari por Mari	123
Pingue-pongue	126
Mari na cozinha	133
Quiz da Mari	139

Dedico este livro em primeiro lugar ao Rudy e a toda a minha família, que são minha base e meu orgulho! Na mesma proporção de carinho, dedico este livro também a todos os meus seguidores e amigos. Sem vocês, meu sonho não teria se realizado.

Agradecimentos

Primeiramente agradeço a Deus, por ter me ajudado a reunir coragem para trilhar o meu caminho. Agradeço, inclusive, a cada um de vocês, que me inspiram diariamente a ser uma pessoa segura, confiante e decidida.

Introdução

*O*i, minhas princesas! Quanta alegria poder falar com vocês por meio de um livro! Pode não parecer, mas sou muito tímida, então acredito que, pelo livro, vou conseguir me comunicar de um jeito mais fácil, leve e gostoso.

Vocês, que sempre me deram tanto carinho, agora vão descobrir muitas outras histórias da minha vida. Aqui vou contar um monte de coisas que vocês ainda não sabem sobre mim. Tenho tanta coisa para dizer que nem sei por onde começar.

Como algumas de vocês já sabem, na época da escola eu sofria *bullying* por ser ruiva. As pessoas me achavam estranha. Ser ruiva e ter sardas me torna diferente, e todos os que fogem do "padrão" acabam sofrendo de alguma forma. Na realidade, sempre tive muita vergonha das minhas sardas e fazia de tudo para escondê-las. Demorou um pouquinho, mas hoje as aceito muito bem. Gosto de aparecer em alguns vídeos sem nenhuma maquiagem, para vocês se lembrarem de que todas somos bonitas também ao natural. Cada uma do seu jeito – só precisamos nos aceitar!

Quando era mais nova, eu me achava feia, e minha autoestima era muito baixa. Mas fui crescendo e comecei a pensar no que fazer para melhorar, porque sabia bem quem eu era por dentro, e o que eu queria era transmitir coisas boas para as pessoas. Esse sentimento sempre existiu dentro de mim.

Afinal, de nada adianta me elogiarem e dizerem que sou linda etc., se por dentro eu estiver me sentindo péssima, não é mesmo?

Como vocês já sabem, comecei a passar reboco na cara desde muito pequena! Aos dez anos, eu roubava as maquiagens das minhas irmãs mais velhas (sou a caçula de cinco irmãs) e maquiava as minhas amigas. Elas amavam! A partir daí, fui treinando em todo mundo e pegando cada vez mais gosto pelo universo das maquiagens.

Nasci em Belo Horizonte (BH para os íntimos) e tenho 25 anos. O Rudy, meu marido (sou casada há três anos), foi quem me incentivou a criar meu canal no YouTube. Ele falava que eu deveria criar um canal porque sempre gostei de conversar bastante e porque teria muitas dicas de *make* para compartilhar com outras meninas.

No começo, as minhas gravações eram muito caseiras mesmo, pelo celular! Aí fui pegando jeito e hoje já faço tudo de uma forma bem mais profissional, do jeito que vocês merecem. Afinal, não vejo vocês como minhas seguidoras, mas sim como amigas!

Amo ter amigas. Gosto de estar perto das pessoas que amo e, claro, da minha família. Meus pais

(Antonio e Matilde) são maravilhosos. São tranquilos e sempre apoiaram as nossas decisões. Isso me dá força para lutar todos os dias. Minhas irmãs (Vivian, Paula, Carol e Isabela) também estão sempre presentes. Família é tudo de bom.

Ai, minhas lindas... Tenho muita história boa (e outras nem tanto) para contar. Tenho certeza de que vocês vão adorar! Embarquem comigo em mais essa aventura e me carreguem para qualquer lugar! Espero que gostem de ler tanto quanto gostei de escrever! Beijos ☺

Nova demais para me aceitar?

*M*eninas, acho legal começar este livro contando tudo o que aconteceu comigo antes de chegar a ser quem sou hoje, antes de ser como vocês me veem.

Morei durante a maior parte da minha vida com minha família, em Brasília, mas minha mãe tinha o costume de ir a Belo Horizonte para dar à luz, com o suporte e o apoio da família. Nós somos em cinco (coitado do meu pai!): Vivian, Paula, Carolina, Isabela e eu, a caçula. Tenho nove anos de diferença com a minha irmã mais velha, gente! Talvez por isso minha mãe tenha me "mimado" um pouco mais.

Minha relação com meus pais é muito próxima, e isso desde que eu era criança. Meu pai sempre foi meu herói. Ele é uma pessoa incrível, um superexemplo de homem. Minha mãe, apesar de mais durona, sempre me protegeu. Para vocês terem uma ideia, dormi na cama dos meus pais até a véspera do meu casamento, acreditam? Sou muito dependente emocionalmente dos meus pais. Louca por eles!

Das minhas irmãs, só eu e a Paula somos ruivas, então desde pequena eu achava que era diferente das outras mulheres da família. A única que tem bastante sarda sou eu, e sempre foi claro que minha mãe percebia meu incômodo a respeito. Em vez de me estimular a gostar, ela me ajudava a escondê-las (acho que para me apoiar)! O rosto da minha mãe é daqueles lisinhos, sabem? E toda menina quer ser igual à sua mãe, né?

Apesar de o meu pai achar lindo e ser megassardento (mesmo tendo a pele mais morena), minha mãe comprava produtos para tentar tirar toda a sarda do meu rosto... Aos doze anos, eu passava cremes para descamar a pele! Hoje acho uma loucura.

As sardas são manchinhas causadas pelo aumento da melanina, que é o pigmento que dá cor à pele, e são genéticas. A exposição ao sol é uma das causas do aparecimento delas, que podem variar do marrom-claro ao escuro. Então, se seus pais tiverem, você pode estar predisposta a ter também. Os ruivos são mais afetados pelas sardas, mas pessoas brancas e moreno-claras também podem tê-las.

Na realidade, as sardas só começaram a chamar minha atenção aos oito anos. As minhas começaram a aparecer com uns seis anos. Eu perguntava para minha mãe: "Mãe, o que é isso que tá nascendo em mim?". E ela falava que, como eu era ruiva, eu tinha sardinhas também.

Lembro que uma vez nós fomos para Fortaleza e ela se esqueceu de passar protetor solar em mim... As sardas lotaram meu rosto. Por isso, meninas, NUNCA deixem de usar filtro solar. Todos os dias. Não é só quando vamos à praia que precisamos passar. O sol é muito cruel com a pele, principalmente a do rosto.

Meus apelidos na escola eram "ferrugem", "Denis Pimentinha", "bananinha pintada"... Que criança gosta de ser chamada assim, né?

Foi aí que comecei a arrumar maneiras de esconder as pintinhas... Ficava desesperada, ia ao *closet* da minha mãe, pegava um corretivo dela e uma base que tinha muito pouca cobertura. Minha mãe nunca foi de usar tantos cosméticos, mas eu ia misturando os dela até chegar à cor que eu queria! Está explicada a minha paixão em fazer misturinhas e fugir das "regras" com a *make*!

Mas, gente, é sobre esse ponto que eu queria falar com vocês. Eu sofria na escola e, ao mesmo tempo, via que não adiantava nada tentar esconder. Mesmo quando tentava disfarçar as sardas, eu ainda tinha características de ruiva. Só pelo cabelo já dá para saber que uma ruiva tem sarda. Aí o que que eu fiz? Pintei meu cabelo. De loiro! Foram várias tentativas malsucedidas! Porque eu não queria ter nem sequer uma característica de ruiva. Lembro a primeira vez que a minha irmã, Carol, querendo me ajudar, comprou um blonder e água oxigenada e fez aquela misturinha para aplicar nas pontas... Resultado: cabelo manchado e seis meses indo para a escola de coque! Isso com certeza não ajudou muito.

Que loucura, não?

Tudo porque eu não via ruivos na rua. Uma vez fizeram uma pesquisa num grupo só de ruivos brasileiros no Facebook, e as cidades com maior concentração de ruivos naturais foram: São Paulo, Curitiba, Porto Alegre, Rio de Janeiro e Belo Horizonte, mas mesmo assim é bem raro encontrar ruivos por aí.

Eu não conhecia uma pessoa de cabelos como os meus, além da minha irmã. A nossa única diferença era que ela gostava muito de ser ruiva e, como tinha sardas mais amenas do que as minhas, ela também as adorava.

Hoje em dia eu me aceito muito mais. Aprendi a conviver com as sardas e até a gostar delas... O que mais me incomoda é o julgamento das pessoas. Nas *makes* eu aceito as minhas sardas, mas dou opções. Em pleno século XXI, não podemos ficar presos a uma coisa só. E as pessoas que têm olheiras? Não querem também escondê-las para se sentirem mais bonitas?

Não que sardas sejam feias, mas temos que ter opção, gente! Tem dias em que quero mostrar, tem dias que não. Assim como tem dias em que a gente acorda se sentindo mais bonita, mas tem dias que não...

Tem algumas gringas youtubers que não começam um vídeo sequer sem estar com a pele preparada, sabiam? Elas não querem passar a imagem de que não têm a pele perfeita. É a escolha delas. As pessoas hoje em dia são muito críticas, agem de maneira que passam a impressão de que nos conhecem profundamente.

Hoje sou influenciadora de beleza, e muita gente me "conhece". Tenho que estar preparada para ouvir críticas positivas e negativas e tento responder com a minha opinião de verdade.

Agora, quando criança, acho que era muito nova para me aceitar. Tive que amadurecer e me virar para gostar de mim do jeito como eu era. Essas crueldades que fazem com as crianças, a tiração de sarro, o *bullying*, nada disso deveria existir. A criança é pura. É inocente. Temos que ajudar as crianças a se conhecerem, sabe? Temos que mostrar a elas que uma pessoa é diferente da outra e que isso não significa ser melhor ou pior. Temos que promover a autoestima das crianças, para conseguirmos construir um mundo mais gentil.

No mundo, os ruivos somam cerca de 1 a 2% da população, segundo a BBC.

A casa das seis Marias

*C*oitado do meu pai, gente! Além da minha mãe, éramos em cinco filhas em casa (e na verdade, ele queria ter dez filhos!). Somos todas Marias. Temos um primeiro nome normal, mas todas têm "Maria" como segundo nome. Eu sou Mariana Maria, minha mãe é Matilde Maria, e é assim com todas! O Mariana veio por causa de uma tia do meu pai. Ela tratava minha mãe muito bem, gostava dela de verdade, então minha mãe decidiu que teria uma filha chamada Mariana, em homenagem a ela!

Foi até engraçado porque, quando a Paula nasceu, ela ia se chamar Mariana. Estava tudo pronto com o nome. Até lembrancinha tinha. Mas, quando ela nasceu, meu pai olhou para ela e disse que não tinha cara de Mariana!

Vou contar um segredo para vocês... Quero muito ter filhos (gostaria de ter três) daqui a um ano e meio, dois no máximo... Queria ter dois meninos e uma menina, mas vou amar o que vier! Nasci para ser mãe de homem, sou bem moleca! Quero curtir muito meus filhos, me dedicar 100%. Amo criança. Tenho uma loucura tão grande pelos pequenos que parece que meus sobrinhos fui eu que tive! Sou muito apegada com criança desde sempre. Lembro que já aos dez anos, mais ou menos, via uma criança e gostava de brincar, interagir... Elas são muito puras, verdadeiras.

Sentem tudo. São sinceras. Meus sobrinhos são muito apegados a mim. A Vivian e a Carol têm um filho cada uma, e a Paula tem cinco.

Recebemos uma criação excelente. Meu pai sempre deu jeito de atender a todas as necessidades das filhas. Tudo sem exagero, mostrando para nós desde sempre os valores da vida e nos ensinando que podemos conseguir tudo o que quisermos, se soubermos como fazer. Por mérito nosso mesmo, e sem prejudicar outras pessoas... Ele fala que filho a gente nunca pode elogiar demais porque fica desestimulado, e eu concordo. Pretendo criar meus filhos com essas bases que meus pais nos ensinaram.

Minha "base"

Amo muito meu pai. Muito mesmo! Ele é uma superinspiração e me apoia o tempo inteiro, então não é de se espantar que eu, desde criança, tenha sonhado em ser como ele. Meu pai é tudo de bom. Só ri, está o tempo inteiro de bem com a vida, tudo é lindo para ele. Até quando acontecem coisas horríveis ele continua sendo otimista. Meu pai é também uma pessoa espiritualizada... Ama as cinco filhas igualmente, sem fazer diferença, sem predileção.

Agora minha mãe... Ela nunca me cobrou nada, sempre me protegia. Minha mãe tem o gênio oposto ao do meupai! Hiper-religiosa, mas reclama bastante... É engraçado porque, se ela não gosta de uma pessoa, é visível... Torce a boca, faz careta, não consegue disfarçar! Afinal, como boa ariana, ela é bem ciumenta... até com minha sogra (temos uma relação maravilhosa)!

Mesmo com esses poréns, nossa relação é ótima. Sei que ela é difícil, brava, mas a amo muito. Aceito os defeitos dela. Posso não concordar com ela muitas vezes, mas aprendi a aceitá-la do jeito que ela é!

As pessoas não têm que ser todas iguais. Temos que saber aceitar as diferenças; afinal, nunca sabemos o que já aconteceu na vida do outro, então respeito é tudo.

Morávamos em uma casa em Brasília, no Lago Sul, e, apesar de sempre ter tido babá, eu era muito apegada à minha mãe. Eu não saía do rabo da saia dela. Vivia grudada na sua perna, dormia sentindo o cheirinho dela... Não a trocava por ninguém. Nem pelo meu pai! Eu fazia aquelas perguntas tipo "de quem você gosta mais, de mim ou dele?", e é óbvio que ela falava que era de mim, mas eu prometia que não contaria a ele! Rs...

Minha infância foi muito saudável. Guardo várias lembranças, mas teve um episódio que marcou muito minha vida. Quase morri... e olha que tinha só três anos.

Minha babá colocava aquelas boias de braço para eu poder ficar na piscina, sabem? A brincadeira era ela me jogar na água, só que nesse dia as duas boias saíram do meu braço, voaram e eu caí. A Isabela, minha irmã, que tinha seis anos e já sabia nadar, estava conosco nessa hora. Ela se jogou na piscina e me salvou. Eu só consegui respirar por causa dela. Talvez por isso eu tenha essa relação tão forte com ela. Mesmo tendo apenas três anos a mais do que eu, ela sempre me protegia... mas não me deixava participar muito das atividades dela, claro, por ser mais velha!

A Carol também queria cuidar de mim, e a Paula sempre me tratava com o maior carinho. A Vivian era mais durona. Nove anos de diferença é muito, né? Ela brigava comigo, como se fosse minha mãe.

As outras lembranças que tenho da infância são de BH. Acabamos mudando para lá quando eu tinha quatro anos, por causa do trabalho do meu pai. Só voltamos para Brasília quando eu já tinha dezessete, ou seja, vivi minha infância e adolescência em BH.

Eu era muito difícil, só fazia o que queria. Dava trabalho para estudar, para ler... Não conseguia prestar atenção nas aulas, porque sempre fui muito agitada. Cresci com a ideia de que não era inteligente, vivia de recuperação, e minha mãe tentava conversar comigo. Dizia que eu tinha que tomar jeito. Ela falava que eu só gostava de ir para o salão, que era do lado da minha casa. Eu tinha cabelo cacheado, e já não me aceitava... Adorava fazer escova para deixá-lo lisinho. Demais, né? Estava na veia da menina desde pequena essa história de cabelo e maquiagem! Lembro que, uma vez, fiquei devendo horrores no salão, sem a minha mãe saber... Quando ela descobriu, levei aquela surra! Rs, mas não parei por aí!

Dicas de ouro da Mari

- Nunca dormir maquiada! Lavar bem o rosto antes de dormir;
- *Make* ideal é aquela que te faz sentir bem!
- Hidratar a pele antes de aplicar a base.

Anjos em minha vida

*T*enho para mim que todo mundo tem uma missão reservada na Terra e que algumas pessoas aparecem em nossa vida por propósitos específicos. Foi assim que alguns anjos entraram na minha – em forma de gente.

A Gerusa já trabalhava com a minha avó quando a gente se conheceu, lá em Belo Horizonte... Só depois ela começou a trabalhar com a minha mãe. Eu era pequena, daquelas crianças que andam pela casa, indo atrás de todo mundo! Rs.

Eu me lembro direitinho. Eu devia ter uns seis anos e ficava puxando papo com ela! Rs... Perguntava o nome, se tinha filhos, o que fazia ou deixava de fazer. O tipo físico da Gerusa é magro, mas forte.

O filho dela, André, ia para nossa casa com ela. Um menino supereducado. Mas a Gê era muito brava! Muito brava mesmo! Ele é só um pouco mais velho do que eu, então brincávamos muito juntos! A gente descia, jogava bola; éramos amigos. Às vezes, meu priminho se juntava à gente, porque ele também gostava muito do André.

Comigo a Gê também era brava... mas fazia tudo o que eu queria! Acho que porque sou a caçulinha, né? Ela me tratava com o maior carinho.

Às vezes eu tinha febre, e minha mãe não podia ficar comigo. Nessas horas, era ela quem cuidava de mim. Sentava-se na beira da cama, sempre muito atenciosa. Até me defendia das minhas irmãs!

Depois que voltamos para Brasília, ela continuou indo na minha mãe. Passava meses na nossa casa, e eu amava, claro! Não sei explicar o amor que sinto por ela… Deve ser algo de outras vidas, só pode. A gente se entende só de se olhar. É muito louco mesmo.

Agora, o melhor vocês não vão acreditar: em Brasília, tem uma feira do Paraguai (de produtos importados), e uma vez fui visitar o local com a Gê. Ela sabia que eu era doida por maquiagem (e quem não sabe?). Eu já tinha dezessete anos na época. Ela me via produzindo minhas amigas, desde BH, e falava que elas ficavam horríveis, com cara de boneca! Hahaha… Falava que não me deixaria maquiá-la de jeeeeito nenhum! Achava que eu ia fazer uns negócios horríveis nela!

Mas, voltando à história da feira: foi a Gê quem me comprou, naquele dia, a minha primeira maleta de maquiagem! Lembro-me que custava 150 reais, e eu não queria que ela gastasse o dinheiro dela.

Eu tinha noção. Sabia que era muito caro. Vocês não imaginam o VALOR que essa maleta tem para mim. E ela ainda se justificou, dizendo que não poderia me dar maquiagens, só a maleta. SÓ? Gê, você é maravilhosa! ♥

Uso a maleta até hoje, inclusive porque é uma das maiores que tenho. A Gerusa me incentivou, desde aquela época, a seguir o meu sonho! Sabe quando o rumo dos acontecimentos parece vir de Deus? Pois é exatamente assim que me senti!

Sempre fomos bem grudadas. Fazíamos caminhadas todas as tardes e conversávamos bastante. Tinha muito carinho envolvido. Chega a ser engraçado porque ela parecia brava e seca, sabe? Mas eu não ligava. Sempre a aceitei do jeitinho dela!

Esse apego todo era só comigo... Se comparado com as minhas irmãs, era um pouquinho com a Bela também, mas muito mais comigo.

Tudo isso acontece quando a gente trabalha feliz. Com certeza ela era feliz trabalhando lá em casa. A gente percebe, né?

Como sempre digo: tudo o que fazemos tem que nos dar prazer. Aí as coisas fluem... Digo isso inclusive para a Santinha, outra pessoa por quem sou apaixonada! Hoje é ela quem trabalha com a gente e cuida de tudo com o maior carinho e dedicação. Nos ajuda até com a nossa filha, Blush (nossa cachorrinha!) e cuida de tudo quando estamos fora de Brasília.

A Santinha é minha amiga e confidente. Sei que ela faz tudo com amor porque trabalha feliz. Existe uma relação de confiança entre nós, que muita gente pode achar exagero. Mas não, isso vem do coração. O que me importa é saber se ela está confortável com o trabalho, se tem algum problema, ou se está triste, incomodada com algo.

Gosto de dar a ela essa tranquilidade. Que ela sinta a minha casa como uma extensão da dela. Afinal, ela passa horas comigo, sabe de tudo da minha vida...

São os dois anjos da minha vida. A Gerusa tenho como segunda mãe e protetora, e a Santa tenho como irmã. Elas mostraram para mim que, não importa onde você esteja, às vezes a pessoa que você menos espera é a que vai te ajudar. Te estender a mão. É incrível como um simples gesto muda tudo. Um brilho no olhar, um sorriso no rosto... um abraço apertado!

Elas são incríveis para mim!

Como diz minha sogra: a metade de nada é o dobro. Às vezes, quando fico para baixo, elas me dão em dobro a amizade de que preciso! A Santinha e a Gê me provam isso todos os dias. As pessoas são colocadas em nossa vida para aprendermos alguma lição. Pode ser só por um tempo ou para sempre, mas sempre há um propósito. Tudo tem um porquê. Só precisamos perceber qual é.

Acredito muito em Deus e também na Lei da Atração. Se você pratica boas ações, elas voltam, e vice-versa. Por isso, tento ser boa o máximo que posso, e também coerente. Meu pai sempre me disse: minha filha, aja sempre da forma mais verdadeira.

As pessoas podem tirar tudo de você, mas as boas sementes que você plantou vão ficar, com certeza. Por isso, tento seguir da melhor forma com todo mundo. Sem distinção de sexo, cor, raça. Mas não tolero injustiça. Vejo a maldade no ar... Sou muito boa, mas não sou inocente. Falo na hora.

Você pode mudar sua vida só com a força do seu pensamento. As pessoas têm que acreditar nisso. Se queremos que algo muito legal nos aconteça, basta atrairmos esse pensamento com toda a força. É a lei do querer, pensar e fazer!

Dicas de ouro da Mari

- Pensamento positivo atrai pensamento positivo;
- Se alguém te deixar chateada, converse com a pessoa. Não crie rancores;
- Mas também não crie expectativas!

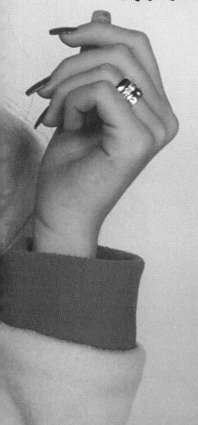

Uma mente sã
num corpo são

*A*ntes que eu me esqueça, preciso falar muito de uma pessoa que apareceu há pouco tempo na minha vida, a Tatá, mas que já faz total diferença! Ela é fisioterapeuta e é casada com meu superdermatologista, o Dr. Cris. Eles trabalham juntos na mesma clínica e cuidam muito de mim. Ele cuida por fora, e ela por dentro... Além de ela fazer minhas drenagens, tenho a Tatá como uma grande amiga!

Ela apareceu num momento em que eu precisava de acolhimento, de apoio. Sabe aquela pessoa que te dá paz?

Eu fazia a unha num lugar e ia fechar um tratamento com um outro dermatologista que já tinham me indicado. Aí uma moça me falou que não fechasse com ninguém antes de conhecer o Dr. Cris. Ela me passou o contato da Tatá e garantiu que eu me apaixonaria por ela.

E foi o que aconteceu! Ela veio de Maceió e ilumina tanta gente com a sua energia! Ela tem o dom de falar só coisas boas, está sempre para cima, feliz. Sempre que vou a Brasília, tenho que me encontrar com ela. Saio totalmente renovada! Ela consegue me colocar no eixo.

Como viajo muito, acabo ficando esgotada, sem força. E é ela quem consegue me dar um *up*! Temos uma ligação muito forte. Ela me ajuda a solucionar qualquer questão que eu tenha.

É impressionante. Chego de um jeito, começamos a conversar… Ela pega na minha mão, me escuta. Me dá conselhos, suporte, apoio. Saio simplesmente renovada. Dá para ver a leveza em mim.

É até engraçado, porque fico preocupada de transmitir minha energia pesada para ela, mas ela é tão maravilhosa que não se afeta de jeito nenhum, enquanto a minha energia vai do zero ao cem. Ela é luz em forma de gente!

Superação

Quando a gente se aceita, tudo fica mais leve.

Vocês podem achar que não, mas o estranhamento das pessoas contra tudo o que é diferente nos atinge de várias maneiras... Depois que eu já tinha me assumido com as sardas, ou com a *make*, passei a me sentir rejeitada mais uma vez. Agora, por parte dos meninos.

Lembro que quando comecei a ir a festinhas, com uns doze anos, os garotos que eu achava mais bonitinhos nunca vinham falar comigo.

Eu passava as férias sempre em Brasília e vivia grudada com minha melhor amiga, a Duda. Somos amigas desde pequenas, até hoje. Ela é aquela amiga para tudo, sabem? Nossa amizade é linda, pura. Um dia, ela me contou de um menino que tinha perguntado de mim. E achei o máximo, porque nunca um menino tinha se interessado por mim.

Acabamos indo ao cinema assistir ao *Galinho Chicken Little* (juro! Rs) e demos um beijo. Mas acabei detestando aquilo! Ainda por cima, fiquei com trauma desse filme. De qualquer forma, ele foi o menino do meu primeiro beijo! Eu tinha onze anos e achei a situação toda muito estranha. Ele acabou virando meu namoradinho, mas eu não gostava dele.

A coisa boa que extraí dessa experiência foi perceber que havia, sim, gente que gostava de mim!

Se você foi rejeitado uma vez, não quer dizer que vai ser rejeitado sempre. É importante entender que nós vamos evoluindo, vamos aprendendo a nos amar até encontrar uma pessoa que nos aceite como somos.

Sei que é difícil quando a gente não gosta de algo no nosso corpo, rosto, cabelo... Aí queremos mudar mesmo. É normal querermos ser cada vez melhores... Mas o que está dentro da gente ninguém tira. A nossa essência é o mais relevante e nos torna especiais.

Temos que ser gratos todos os dias pela saúde que temos e pelas nossas conquistas, por mais que essas máximas pareçam besteira.

Se existem características em que podemos investir para conseguirmos ser pessoas melhores, por que não correr atrás?

Quando a gente começa a se olhar no espelho e se ver realmente do outro lado, assumindo nosso reflexo e nossa identidade, nos amando, conseguimos superar inúmeras decepções ou frustrações conosco...

Mas acho que uma segunda pessoa pode, sim, ajudar bastante nesse processo.

O "outro" exerce grande responsabilidade em aumentar ou abaixar a autoestima. As pessoas próximas a nós nos influenciam muito... em tudo. Viramos o reflexo daqueles com quem convivemos.

Para um outro namorado meu, eu era baixinha, me achava feia, tinha as sardas, nunca era boa o bastante para ele. Quando comecei a namorar com o Rudy, foi diferente. Ele já me via de outra forma... Foi ele quem me ajudou a acreditar em mim, a me ver linda como realmente sou! Ele foi fundamental no caminho rumo à minha superação. Ele me via de uma forma como nem eu mesma conseguia me enxergar. Ele me via linda, maravilhosa, e comecei a pensar por que eu me escondia tanto... por que não me aceitava? E ele falava para eu mudar em mim aquilo de que eu não gostava.

O Rudy me amava do jeito que eu era, mas falava que, se eu não estava feliz, que fosse atrás de uma solução, em vez de ficar choramingando e me colocando para baixo.

Gente! Para que complicar? Só temos de correr atrás dos nossos sonhos! Tenho certeza de que todo mundo consegue. É só fazer. Falar não adianta nada. Tem que fazer. Mas temos que fazer por NÓS. Não por ALGUÉM.

Dicas de ouro da Mari: cuidados com os produtos

- Evitem guardar as *makes* no banheiro, ok?
- A umidade do vapor do banho pode ser um lugar muito agradável para a proliferação de bactérias.
- A vida útil do produto armazenado em local seco, e longe da luz, é muito maior.

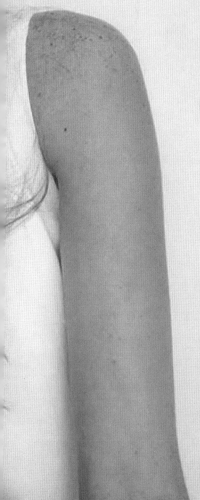

Amor

ão podia deixar de dedicar um capítulo inteiro para o meu amor... Vocês que me acompanham sabem que foi graças ao Rudy que hoje somos amigas, né?

Gente! Vocês não vão acreditar nessa história! Meus pais foram ao batizado do Rudy, quando ele era bebê. Ba-ti-za-do! Juro! E eu era bebezinha e fui à festa de cinco anos dele! Os meus pais e os pais do Rudy têm um grande amigo em comum, o tio Augusto. Nossos pais até trabalharam juntos. Mas a gente não se conhecia ainda... Eles acabaram perdendo o contato quando os pais dele se separaram. O pai dele voltou a morar em Curitiba e nós nos mudamos para Belo Horizonte.

Rudy estudou Ciência Política em Boston e, quando voltou ao Brasil, foi morar com a mãe, em Brasília. Nessa época, nossa família também já tinha retornado a Brasília. Nós éramos solteiros e íamos a muitas festas. Eu tinha 19 anos, e o Rudy, 23.

Numa dessas festas, a gente se conheceu! Era de um afilhado do meu pai, nosso amigo em comum. A gente não se conhecia antes da festa, mas depois começamos a sair. Quando cheguei em casa e contei para minha mãe, na hora ela juntou as peças do quebra-cabeça e falou que só podia ser o Rudy, filho da Maria Claudia e do Rogério. Bingo!

Teve um dia que foi muito engraçado: minha mãe estava na porta quando cheguei com ele, ela olhou para o Rudy e disse que o conhecia! Mas ele não fazia ideia de quem ela era!

Quando nossos pais contaram essas histórias, ficamos chocados e achamos tudo muito louco! Achamos inacreditável mesmo...

Logo começamos a namorar, mas, como minha mãe é muito conservadora, às vezes eu dava umas "fugidinhas" para me encontrar com ele! Eu falava que ia para a casa de alguma amiga, mas era com ele que eu estava! (Ixi, será que minha mãe vai ficar brava comigo?)

E as coincidências não param por aí! Hoje, a minha irmã Isabela namora com um amigo de infância do Rudy (eles não tinham mais tanto contato, mas, quando perguntei se ele tinha algum amigo para apresentar para a Bela, ele disse que só vinha esse amigo à cabeça), e eles também aparecem sentados juntos na tal festa de cinco anos dele, em uma foto muito antiga! Rs... Como pode, né? Nossos destinos já estavam sendo traçados desde aquela época!

Quando terminei meu primeiro namoro, me lembro de uma conversa minha com a minha mãe, na qual eu falava que não queria mais namorar ninguém que não tivesse a ver comigo! Queria namorar alguém que já existisse na minha história, mas que eu ainda não tivesse percebido. Minha mãe não entendeu muito bem, mas Deus entende tudo!

Não sei vocês, mas acredito muito que o universo conspira em nosso favor. O pensamento tem poder, por isso temos sempre que ser positivos. Tudo o que a gente deseja pode acontecer. Quando colocamos energia num pensamento, podem ter certeza de que um dia ele terá potencial para se concretizar.

Pode levar alguns dias, meses ou anos, mas aí é que temos que ser sábios e não entrar em desespero. Ansiedade demais não faz bem à saúde!

Dicas de ouro da Mari

- Sempre que vocês puderem, evitem "compartilhar" a maquiagem com outras mulheres... Pode não parecer, mas às vezes alguém que usou a *make* antes de você pode ter alguma alergia e a transmissão é fácil de acontecer;
- Se quiserem testar um produto para saber se terão alergia ou não, sugiro que façam um teste por dois dias, aplicando uma pequena quantidade no antebraço;
- Se vocês perceberem alteração em algum produto (como cor, cheiro ou consistência), melhor não arriscar e jogá-lo fora;
- Às vezes, mesmo estando dentro da validade, alguns produtos estragam (até mesmo por terem sido aplicados com as mãos sujas, por exemplo).

Felizes para sempre

*N*ossa, quando decidimos nos casar, éramos muito novinhos... Casei com 21 anos. Meu sogro falava que éramos loucos, porque não tínhamos nem onde "cair mortos"! Minha sogra ficou feliz, como sempre. Minha mãe estava feliz por ter mais uma filha casada, e meu pai ficou orgulhoso, pois sentia que tinha acabado de ganhar um filho. Mas foi meu sogro que, no final das contas, ajudou a gente financeiramente nos primeiros anos, porque realmente não tínhamos nada!

Não esqueço o dia em que o Rudy foi me pedir em casamento para o meu pai! Sim, ele pediu a minha mão para o meu pai, que aceitou com as seguintes palavras: "O amor eu vejo que vocês já têm, e isso é o mais importante! O resto vocês conquistam juntos!".

Mas quero muito lembrar a vocês que, no primeiro ano de namoro, eu – apressadinha como sempre – falei: "Amor, quero casar!". E ele respondeu: "Eu também, daqui a alguns anos!". Discordei e disse a ele que queria casar rápido! Encostei na parede mesmo! Coitado, acho que o assustei!

Depois de duas semanas, estávamos juntos no restaurante a que fomos quando saímos pela primeira vez e foi lá que ele ajoelhou e eu disse: SIM!

Ficamos noivos por um ano, enquanto a minha mãe e a minha irmã Isabela me ajudavam com os preparativos. Lembro de escolher somente o vestido! Rs.

Ficou tudo lindo! Me senti uma princesa! Mas, como em todo conto de fadas, existem também momentos tristes. Quando eu estava me arrumando no salão, recebi uma ligação do meu sogro e ele disse que não iria ficar no altar ao lado da minha sogra. Comecei a chorar, pois ele estava com raiva e falou algumas coisas ruins para mim. Prefiro nem lembrar. Sei que ele não fez por mal – ele tem um coração enorme e eu o amo de verdade! No final deu tudo certo, e ele acabou indo para o altar, ao nosso lado!

Logo que nos casamos, o Rudy ficou sem emprego, porque a empresa que ele tinha montado com o irmão acabou não dando certo... No entanto, como ele mesmo diz, o caminho mais difícil é muitas vezes o melhor. E foi durante o nosso perrengue que surgiu a ideia do canal.

MARIMARIAMAKEUP

Mari Maria ✓
2.382.692 inscritos

| INÍCIO | VÍDEOS | PLAYLISTS | CANAIS | DISCUSSÃO | SOBRE | 🔍 |

ads ▾ REPRODUZIR TODOS

Segundos na minha | Top DICAS para o | Misturei as minhas bases | REBOCAR SUA CARA ♬
enteadeira para PEGAR O | INSTAGRAM!❤ | TOPS para criar a BASE | PARÓDIA
61 mil visualizações · | 325 mil visualizações · | 432 mil visualizações · | 1,1 mi visualizações ·
dia atrás | 4 dias atrás | 6 dias atrás | 1 semana atrás

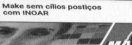  

Make sem cílios postiços | | Transformei meu olho em | Fazendo a Maleta de MAKE
com INOAR | Imitando Fotos do Filme La | CAT com LIMECRIME! | para UMA INSCRITA!
 | La Land | |

debaixo | REBOCO MARA NA KIM! | Arrumando a maleta de make | Como amenizar as bolsin
COM | 460 mil visualizações · | pra viagem em 5MIN! | embaixo dos olhos e faz
s · | 1 mês atrás | 229 mil visualizações · | 225 mil visualizações ·
 | | 1 mês atrás | 1 mês atrás

Deixando o Cabelo liso com | Transformei a Fran na | Testando os B
s Produtinhos Garota | SELENA | da HUDA BEA
 mil visualizações · | 595 mil visualizações · | 357 mil visual
s atrás | 1 mês atrás | 1 mês atrás

  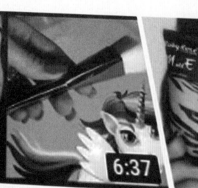

A! Quanto | Reagindo ao meu pincel

Viralizou!

*E*u havia trancado a faculdade de Estética, e o Rudy estava estudando para fazer uma prova para o mestrado. Já éramos casados. Acabei trancando o último semestre do curso depois que nos casamos porque a vida estava corrida demais.

O Rudy já sabia que eu era alucinada por *make*, e eu fazia muita automaquiagem na frente do espelho, sabe? Eu passava hooooooras fazendo isso, porque sempre amei mesmo. É minha paixão. Eu inclusive maquiava minhas amigas quando elas tinham alguma festa, de tanto que elas gostavam. Elas não iam para nenhum salão, sabe? Iam até minha casa mesmo, e eu fazia com o maior carinho e dedicação.

Tinha 22 anos quando o Rudy falou: "Faz um canal no YouTube! Mostra para todo mundo o dom que você tem! Você tem talento, é carismática! Vamos fazer um canal." Mas eu não tinha nem ideia de por onde começar... e falei que toparia fazer o canal só se ele me ajudasse. E foi assim que tudo começou.

A gente não sabia nem editar vídeo. O Rudy, inclusive, aprendeu a editar vídeo no próprio YouTube! Ele é muito fofo, parceiro, companheiro. Fez votos de que se dedicaria a fazer sempre o melhor, e foi o que realmente fez e faz até hoje.

Rudy é muito dedicado e esforçado, e começou a editar os vídeos num programa de computador da

Apple (iMovie). Era o que tínhamos. Ele assistia aos tutoriais e ia fazendo. Eu sempre o cobro muito, para que ele sempre evolua e se aperfeiçoe. Esse também é o papel dos casais: sempre motivar o parceiro!

Comecei fazendo meus vídeos pelo celular, e não era a qualidade de um iPhone igual aos de hoje... Era bem simples mesmo. Aí começamos a ver que precisávamos de um programa melhor e acabamos baixando um aplicativo pago (Final Cut), porque era realmente mil vezes melhor!

O Rudy ficou com receio de ter que aprender tudo de novo, porque cada programa tem seu formato, né? E eu, mais uma vez, incentivei-o e falei que tinha certeza de que ele iria conseguir.

Mas aí surgiu uma oportunidade de ele trabalhar num escritório de relações governamentais para prestar consultoria a empresas privadas, e ele ficou nessa empresa por dois anos. Nesse período, tive de colocar a mão na massa, literalmente! Passava os rebocos na cara, filmava, editava...

Aí comecei a pirar nas edições e nos efeitos, e foi quando o canal começou a dar certo! Gente, não é fácil conseguir fazer um canal vingar no YouTube, não. Demorou mais de um ano e meio para a coisa começar a acontecer.

As pessoas acham que é muito simples: liga a câmera, fala um monte de coisas bacanas, edita e pá! Bombou! Viralizou! Não mesmo, galera. As pessoas olham para os vídeos na internet e acham que é fácil... mas isso é uma ilusão.

Como tudo na vida, temos que construir o canal dia após dia, tijolo por tijolo. São pequenas vitórias que fazem a gente feliz. Eu e o Rudy celebrávamos cada uma dessas pequenas vitórias. Com muita humildade. Cada detalhezinho que dava certo fazia a gente vibrar.

É muito trabalho – TODOS os dias. Dedicação total e persistência. E não é só isso: a gente precisa sempre melhorar. Sempre. Eu me preocupo em mostrar o que as pessoas querem me ouvir falando. Estudo antes de começar a gravar. Leio os comentários para saber do que vocês sentem falta.

Tinha dias em que eu ficava um pouco desanimada, achando que não daria certo... que precisaria trabalhar com outra coisa que não a minha paixão, a fim de me ajudar a pagar as contas de casa. A gente sempre falava em crescer juntos. Tudo juntos. E é assim até hoje.

O Rudy acabou largando o emprego dele para trabalharmos juntos novamente! Somos nós dois em todas as ocasiões. E o mais legal é que ele acha o máximo eu estar à frente de todo esse nosso projeto. Não existe competição entre nós: somos um time, não adversários! Ele me coloca muito para cima, muito mesmo. Vê a mulher de forma grandiosa. Ele fala muito para mim que não existe aquela coisa de "tentar" fazer alguma coisa diferente; ou fazemos ou não fazemos.

Ele sabe que, se as coisas derem certo para mim, vão dar certo para ele também.

Isso começou porque a gente tinha um sonho, que era ficar juntos, construir uma família e crescer. E hoje, graças a Deus, estamos alcançando nossos objetivos, pouco a pouco! Não dependemos mais financeiramente do meu sogro (há mais de um ano) nem de ninguém. Nós estamos criando um futuro juntos, assim como sonhamos lá atrás, quando decidimos nos casar.

O negócio é ter coragem para fazer e não ficar só nos planos. Às vezes, o planejamento acaba não saindo do papel.

Um fator decisivo foi quando a gente começou a ganhar dinheiro com publicidade. Alguns *posts* que eu fazia eram pagos. A primeira empresa que entrou em contato comigo foi uma marca inglesa, e faço públi até hoje para eles. No começo me pagavam pouco para mostrar produtos em vídeo, mas eu achava ótimo mesmo assim. O primeiro foi um produto de que eu gostava muito. Como já usava antes, só uni o útil ao agradável! Sou a única influenciadora brasileira que usa esse produto.

Devagarzinho, a gente foi conseguindo complementar renda. Eu dava valor a cada centavo que entrava.

No começo, as gringas gostavam muito mais do meu trabalho do que as brasileiras, tanto que achavam que eu era gringa também! Os brasileiros não me seguiam muito; demoraram. Mas as gringas piravam nas minhas sardas! Eu fazia só vídeo sem fala para o Facebook e para o Instagram!

Completei um milhão de inscritos no YouTube no dia do meu aniversário, em 2016. Lembro que houve um vídeo meu no Facebook com 21 milhões de visualizações. Acredito que tenha sido esse vídeo que me ajudou a dar esse *boom*! O crescimento nas redes sociais muda significamente a cada dia. O dia em que recebi minha placa de reconhecimento pelo milhão de seguidores foi demais! É um sonho, gente... e uma supermeta cumprida.

Teve um outro vídeo que foi compartilhado na página da Huda Beauty, que é de Dubai, e eu a adorava! Ela tinha, na época, 3 milhões de seguidores no Instagram e simplesmente compartilhou um vídeo meu! Nesse dia eu pulei de alegria, foi realmente maravilhoso! A Huda é incrível, uma mulher visionária que criou sua própria linha de cosméticos.

Quando alguma empresa me procura para fazer publicidade de um produto, se já conheço e gosto, eu faço. Se é um cosmético que não conheço, faço um teste durante cerca de dois meses, e vejo se aprovo ou não.

Testo muita coisa... e às vezes acabo não achando um produto tão perfeito para minha pele e tenho que ser sincera. Não vou falar bem de um produto que, por exemplo, não cobriu minhas sardas... Mesmo prometendo cobertura, se não funciona para mim, eu falo. Meu trabalho é passar a verdade para as pessoas. Por mais que critiquem, eu falo. Minhas sardas vendem ou destroem uma base.

Uso e mostro o resultado real em mim. Não minto de forma alguma. Isso não tem preço, pois a verdade prevalece. Sempre acreditei nisso. Até hoje faço questão de trabalhar com os produtos dos quais realmente gosto.

Críticas vão acontecer sempre na vida das pessoas, ainda mais na de pessoas públicas. Sei bem que não estou livre disso. A cabeça tem que ser muito boa. Tenho que tomar muito cuidado com o que falo; não é só jogar um vídeo nas redes sociais. Sinto um peso muito grande e medo do que mostro para as pessoas. Me preocupo em mostrar coisas que as pessoas possam comprar. Ser transparente é uma das minhas características.

Quero me manter cada vez mais próxima dos meus seguidores. Fico muito feliz e grata por eles reconhecerem meu trabalho. Me esforço para fazer cada vez melhor. O reconhecimento público é o melhor de todos os pagamentos. Afinal, quem me tornou quem sou hoje? Vocês! Não me sinto famosa; me sinto reconhecida. E reconhecida de coração!

Eu me considero uma pessoa acessível, mesmo. Sou a amiga que vocês não conhecem pessoalmente, mas sabem que, se me encontrarem, vai ser como se fôssemos amigas há muito tempo.

Quando conheço uma pessoa, tomo muito cuidado para sempre mostrar quem sou de verdade, porque a primeira lembrança é a que fica. Posso não conhecer todos os meus seguidores, mas todos eles me conhecem a ponto de serem íntimos, justamente por eu ser eu mesma nos vídeos e fora deles. As pessoas esperam ser bem tratadas, esperam que eu seja como nos vídeos, então tenho que estar sempre preparada para receber e dar carinho. Dou abraço mesmo. Esse relacionamento que temos no YouTube é de fato incrível!

Sou uma pessoa que gosta de gente. Sempre fui assim. Gosto de estar perto, de deixar as pessoas bonitas, melhores... Sou daquelas que, quando estão à toa com as amigas, do nada falam: "Nossa, amiga, deixa eu arrumar sua sobrancelha, para deixar mais bonita!". E elas adoram, porque todos sabem que faço isso por prazer, por amor.

Mesmo em viagens com outras youtubers, não gosto de ser a única maquiada, quero deixar todas se sentindo mais bonitas do que já são. Afinal, como já disse – e não canso de repetir –, todas as pessoas são bonitas. Cada um tem a sua beleza e um ponto que se destaca no rosto. Se é a boca, vamos realçar, oras!

Tomo muito cuidado com o que posso proporcionar para que as pessoas se sintam bem, mais satisfeitas com elas mesmas. É isso o que quero no meu canal: contribuir para a felicidade das pessoas! Por essa razão, digo mais uma vez que não adianta mostrar só um monte de produtos caros, se nem todos podem ter acesso a eles.

Mostro o caro, sim, mas sempre dou a opção dos mais baratos. Quem foi que disse que só porque é caro é bom? E tem outro detalhe: pode ser bom para mim, mas não dar o mesmo resultado para outras peles... por isso, testo muito. Principalmente os produtos baratinhos! Adoro! Fala a verdade, não tem coisa mais gostosa do que achar aquele produto baratinho com qualidade top!

Gosto também de maquiar outras mulheres nos vídeos justamente por isso: para mostrar a vocês maquiagens para outros tipos de pele.

Gente! O Brasil é enorme e multirracial. Por isso tento mostrar todos os tipos de *makes*!

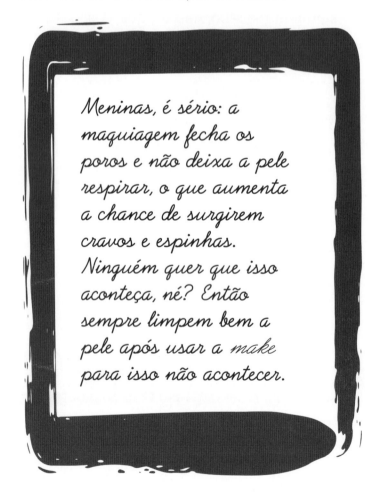

Meninas, é sério: a maquiagem fecha os poros e não deixa a pele respirar, o que aumenta a chance de surgirem cravos e espinhas. Ninguém quer que isso aconteça, né? Então sempre limpem bem a pele após usar a *make* para isso não acontecer.

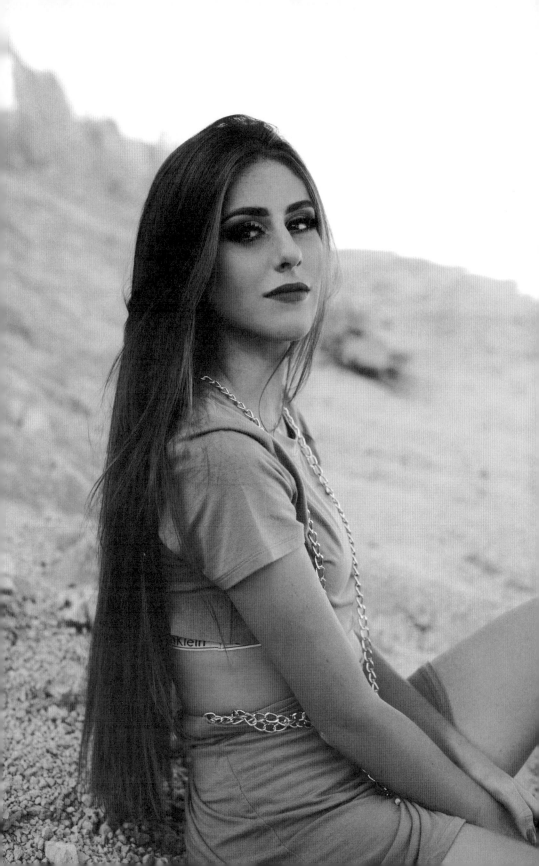

A louca da maquiagem

*P*rincesas, o quanto eu me divirto fazendo paródias? Como já falei, se eu não fosse youtuber, seria atriz com certeza! Rs. Acho sensacional poder encarnar outros personagens e me entregar de corpo e alma!

Normalmente também faço vídeos com as sugestões que vocês mandam nos comentários, mas sempre tem um ou outro que dá muita vontade de fazer! Aí envolvo um monte de amigas e é uma delícia, porque é uma oportunidade de matar a saudade e "brincar".

Leva horas até conseguirmos chegar perto de alguma pose que queremos copiar. Horas! Mas, como já disse, aquilo que fazemos com um sorriso no rosto e com alegria não cansa!

Um vídeo muito legal que fiz no canal recentemente foi um em que imitei fotos de filmes famosos com o Rudy. Principalmente do filme *Diário de uma paixão*. Acho que, por eu ser apaixonada pelo filme e pelos atores, o resultado ficou incrível! Adoro filmes românticos e com histórias que podem se tornar reais. Não que eu seja aquela pessoa que sonha com contos de fadas, sabe? Mas consigo ver além deles. Acredito que em todo relacionamento existem problemas, mas também acredito que podemos ser felizes e enfrentar todos os desafios juntos. O meu relacionamento com o Rudy me lembra muito esse filme, porque antes de casar com ele eu via aquele olhar de admiração, com o qual todo mundo sonha! Por isso foi tão incrível poder viver esse momento com ele e trazer isso para o canal de forma divertida e leve.

Agora, já falando das partes engraçadas, sou a mestra da bagaceira! Rs... Adoro brincar, apavorar as minhas amigas e minhas irmãs e, como uma boa sagitariana, levar tudo na brincadeira, mesmo as coisas ruins. E isso é sempre o que eu gosto de mostrar nos vídeos! Gosto de me divertir, porque, no final das contas, a felicidade é uma escolha diária.

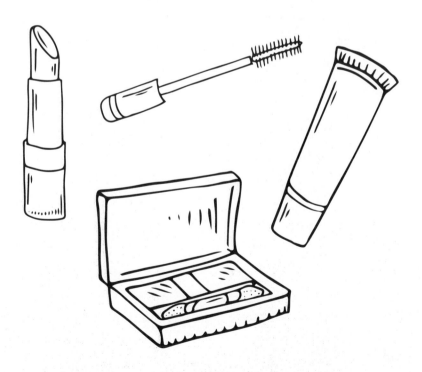

Minha
(nada mole)
vida de youtuber

*N*ão são só vocês que são fãs de youtubers – eu também sou! Antes de ter o meu canal, eu já seguia alguns... Por exemplo, sempre gostei da Kéfera, da Taciele Alcolea, da Flavia Calina... São algumas às quais eu assistia e que me inspiravam! Nunca imitei ninguém, mas as admirava bastante.

Como comecei no YouTube sem querer, porque nunca pensei que fosse virar uma youtuber, só achava legal acompanhar a evolução de outras pessoas. Gostava de assistir a vídeos com o Rudy muito antes de termos a ideia de começar a gravar. Assistíamos de tudo, inclusive vários canais que estavam em evidência no cenário internacional, como NikkieTutorials, Michelle Phan, Candy Jackson...

De todas as youtubers que eu acompanhava, a que conheci e com quem criei amizade foi a Taci. O mais incrível foi que viajamos para a Grécia juntas a convite de uma marca, e fiquei encantada com o otimismo dela. É a tal da energia positiva de que já falei. O bacana disso é unir as energias. É muito bom quando encontramos pessoas parecidas com a gente!

Foram quatro dias que pareceram uma eternidade, de tão intensos que foram! A gente conversava muito, e a Taci, sempre positiva. Ela conseguiu abrir minha mente a respeito de muitas questões. Infelizmente, nossas rotinas são muito corridas, o que dificulta encontros frequentes... até participamos das mesmas feiras e eventos, mas cada uma tem os seus compromissos, então a gente acaba só se esbarrando por aí mesmo.

Além dela, tem outras meninas youtubers com quem também tenho amizade... A Kim RosaCuca, a Franciny Ehlke, a Camila Cabral. A Fran e a Kim são as que eu mais encontro. Até viajamos juntas recentemente para Orlando, e foi muito legal, porque nosso relacionamento começou de modo natural. De verdade, puro e recíproco. A gente percebe só de olhar...

Essa última viagem era também com outros youtubers, e foi muito especial conhecer outras pessoas do meio. Nesse evento, foram o Japa, Bianca Anchieta, o Geen Cury e a Jessica Cardoso. Todos são demais!

Não sei forçar amizade. Não sei fingir que gosto de alguém. Não tenho muito esse negócio de meio-termo: gosto ou não gosto. Não consigo chegar a um evento e ser falsa. Não sou grossa nem mal-educada; apenas cumprimento e me afasto. Não puxo papo nem nada.

Existe muita rixa entre os youtubers, como em qualquer outro trabalho. Muitas vezes a gente nem sabe por que alguém não vai com a nossa cara. Já cheguei a lugares em que não fui bem-recebida, ou me olharam torto...

Também tem o lance da fofoca, do leva e traz... Sempre tive uma coisa de não falar mal de ninguém. Se me perguntam algo, sou honesta, falo na lata, simplesmente respondo se gosto ou não da pessoa. Não invento história e, aliás, odeio quem faz isso.

Mas coisas assim acontecem, e a gente acaba descobrindo. Aí fica aquela situação péssima, porque mais cedo ou mais tarde podemos nos cruzar num evento. Pega muito mal, vira uma saia justa. Pode parecer que não, mas isso acaba machucando, sabe?

Sei que é impossível agradar todo mundo, apesar de todo o esforço. Minhas amigas falam que me importo muito com a opinião dos outros, mas eu apenas tento entender por que as pessoas falam mal de mim, ou criticam negativamente algum vídeo meu.

O Rudy fala que existem pessoas que tiram o dia só para meter o pau em mim. Ele tenta me mostrar que a pessoa pode estar num dia ruim e acabar enxergando tudo de maneira negativa por causa disso. Sobre esse assunto, penso o seguinte: tudo pode ser falado, mas do jeito correto. Sempre dá para falar com educação que não gostou de algo que mostrei.

As pessoas precisam entender que tem palavras que machucam. Não ligo se não gostaram de algo que mostrei, mas que falem sem ódio. Que façam críticas que venham para acrescentar.

Já respondi a muita coisa no calor da emoção. O Rudy me acalma e fala para eu não entrar no jogo das pessoas que tentam me atacar, que só querem lançar um comentário polêmico. Isso seria como dar audiência para quem quer me derrubar.

Na real, o silêncio é a nossa melhor defesa. Às vezes é muito difícil ficar quieta, e isso é um exercício diário. Respirar fundo, contar até dez e neutralizar o pensamento negativo.

Gente, é óbvio que existe competição entre os influenciadores digitais. E isso nos estimula a ser cada vez melhores naquilo que fazemos, é lógico! Todo influenciador digital tem que ser competitivo! Só se destaca quem mostra serviço.

É preciso arregaçar as mangas e trabalhar sem parar para se sobressair num tema sobre o qual outras pessoas também falam. É um processo que envolve criatividade, esforço, edição, aprimoramento de conhecimentos...

Sou bastante sensitiva. Se chego num lugar e não me sinto bem, tranquila, em paz, pode ter certeza de que aquele ambiente carrega uma energia ruim. Mas pessoas felizes podem transformar um ambiente!

Gosto bastante de gente, de contato, de energia. Gosto de estar rodeada de pessoas do bem, que estão lá comigo para acrescentar, fazer piada, dar risada...

O YouTube às vezes nos deixa expostos. Pode acabar mostrando muito de nós, porque somos nós mesmos ali, não um personagem por dia. Quer dizer, eu pelo menos não sou. Sou 100% a mesma na frente e por trás das câmeras.

Fico muito feliz quando ouço isso das pessoas que acompanham meu canal. Se me chamam, se me reconhecem em alguma situação, paro o que estiver fazendo para dar atenção. Simplesmente acabo agindo da maneira como gostaria que as pessoas que admiro me tratassem.

Mas existem alguns youtubers que, mesmo não sendo personagens, são irreconhecíveis por trás das câmeras. Já me desiludi com várias youtubers que eu seguia, e amava, porque quando as encontrava cara a cara eram totalmente outras. A sensação é muito esquisita.

Claro que tem gente que fica mais à vontade falando para as câmeras do que pessoalmente. A gente sabe disso. Também sou tímida e me sinto muito à vontade gravando.

Este mundo não é só de glamour. Tem muitas energias misturadas num mesmo lugar. Já fui a eventos dos quais saí totalmente derrubada. Sugada. Por isso vivo me protegendo, sempre buscando energias positivas!

A minha casa tem muita planta, muito verde, justamente por causa da energia. Os animais e as plantas absorvem as energias pesadas. É um lugar em que me sinto protegida de verdade.

Quem me segue me conhece muito porque sou eu mesma ali, falando, e acaba criando tanta afinidade comigo que, quando me encontra pessoalmente, tem certeza de que somos amigas. Por isso faço tanta questão de tratar todo mundo da melhor maneira possível. Tiro foto com todo mundo que vai aos eventos para me encontrar. Cada um que sai da sua casa para me ver merece o meu carinho sincero.

O mais legal de tudo é quando alguém me para e diz que se sente mais bonita fazendo as *makes* que ensino. É demais saber que estou fazendo diferença na vida de alguém.

As pessoas dão provas diárias de confiança para a gente, então temos que analisar sempre os dois lados da história. Às vezes uma pessoa não acordou num bom dia, por exemplo, e pode tentar te atacar de alguma maneira. Por isso temos que ter a mente aberta e saber o que falar e a hora de falar.

As relações entre as pessoas estão cada dia mais violentas. E falo de todos os tipos de relação: de trabalho, de amor, de amizade. É cada coisa que vemos...

Tem aquele tipo de gente que fica feliz em ver alguém sofrendo. Tem gente que torce para que aquele que lhe fez mal se dê mal também. Não é mentira não. É muito difícil lidar com pessoas... Não tenho como saber se a pessoa com quem estou falando está com algum problema, se tem saúde boa, se está feliz...

Por isso, faço um exercício diário de meditação e pensamentos positivos. Evito muito fazer julgamentos. Tento me colocar no lugar do outro e me perguntar: "Eu gostaria de ouvir isso de alguém?". Entendem?

Claro que sei também que ninguém é perfeito... muito menos eu. Mas, se as relações forem saudáveis e construídas de maneira sincera, já temos meio caminho andado para o sucesso.

Dicas da Mari:
como arrumar suas makes

Acho legal separar cada produto de acordo com sua utilidade:

- Caixas transparentes de acrílico, com batons;
- Caixas mais baixas com tudo o que for em pó;
- Sempre deixar os frascos bem fechados e em pé.

Minha marca

A veia empreendedora do Rudy não para nunca. Sempre tive vontade de criar um produto, mas foi ele quem sugeriu criar primeiro os pincéis. Como sou chata, falei que só faria se fosse um produto muito bom, que difundisse excelente qualidade. Então lá foi ele, atrás de quem eram os melhores fornecedores de pincéis, dentro e fora do Brasil. Pesquisou em tudo quanto é lugar que vocês podem imaginar (internet, fóruns, LinkedIn), até encontrar!

E mais uma vez apareceu meu sogro na história. Ele também acreditava no potencial que tínhamos e investiu para que comprássemos nosso primeiro lote de pincéis. Hoje, inclusive, ele é nosso parceiro nessa parte do negócio.

Na verdade, ele achou que teríamos um retorno rápido do investimento, mas passaram uns dois meses, e nada de lucro. No começo, fazíamos tudo: desde o empacotamento até a impressão das notas e as idas aos Correios... Tudo mesmo!

Bom, aí o Rudy conseguiu falar diretamente com a presidente da empresa, que fica nos Estados Unidos (fala sério, esse não é o melhor marido do mundo?), e ela superaceitou o projeto! Na época, eu tinha 400 mil seguidores no Instagram... Achei que ela não fosse topar!

Ela acreditou mesmo em nós e na nossa empresa, teve visão de mercado e percebeu que tínhamos potencial. Meus pincéis são do mesmo fornecedor de uma marca que adoro, a MAC. Já vamos lançar o segundo, o fofo do unicórnio. O primeiro pincel foi o de contorno, agora lançaremos o pincel para base.

Aliás, o segundo produto surgiu de maneira engraçada, porque ainda não estava nos nossos planos. Em março de 2017, fomos convidados a participar de uma feira internacional na Itália, uma superimportante no ramo. Nossa fabricante era uma das expositoras e estava apresentando nosso pincel lá também.

Participamos de vários eventos com eles e, no dia em que fomos visitar seu estande, fizemos uma reunião, e eles nos apresentaram um novo modelo de pincel, com formato diferenciado, um produto patenteado internacionalmente. Ninguém nunca lançou esse tipo de pincel. Ele é totalmente exclusivo!

Acreditam que eles nos ofereceram o produto? Perguntaram se não queríamos ser os primeiros a lançar e é ÓBVIO que topamos! Meninas, vocês vão ter um produto único e exclusivo! Têm noção da nossa alegria?

Todo esforço vale muito a pena. No dia em que lançamos, conseguimos vender trezentos pincéis!

Mas as coisas não são tão simples quanto parecem à primeira vista... Vocês não têm ideia de como demora todo o trâmite para importar um produto. O processo é muito burocrático e cheio de impostos, e os artigos acabam ficando mais caros por causa disso.

Aí veio outro pensamento: como calcularíamos o valor do pincel, para que fosse acessível para todos?

Deixamos o valor no limite do que poderíamos, e demos opções de compras para quem ainda o considerasse caro. Nesse sentido, vale destacar que não se trata de um produto qualquer – além do material de ótima qualidade, todo o processo de importação custa muito dinheiro.

Aí me pergunto mais uma vez: será que as pessoas reconhecem todas essas questões, ou preferem pagar mais barato num outro que não seja tão bom assim?

De qualquer forma, eu jamais lançaria um produto inferior, porque entendo que a qualidade da ferramenta pode influenciar o resultado da *make*. Gosto de tudo certinho, sou chata com isso. Tanto com os vídeos que faço quanto com os produtos que uso ou quero lançar.

Meus pincéis têm cabo de alumínio, enquanto a maioria dos que vemos por aí tem cabo de madeira. Ou seja, além da qualidade das cerdas e cabos, é lindo! Pode até ser que achem o produto caro, se comparado a itens semelhantes, mas não deixa de ser um investimento.

O nascimento de um produto meu era inevitável e aconteceu de maneira natural. Ia acontecer de qualquer jeito, mais cedo ou mais tarde. Eu só precisava ter controle total de como seria o resultado, para garantir a melhor opção pra vocês, *prins*.

Realmente, a escolha de fazer os pincéis foi muito especial. Todo o processo levou tempo, foi uma pesquisa minuciosa! No começo, ainda fiquei com um pouco de medo de dar um passo maior do que a perna, mas segui em frente, porque é muito recompensador a gente ter coragem de abraçar um desafio. Precisamos arriscar se quisermos construir nossos sonhos.

Eu sabia que queria minha própria marca. Não simplesmente colocar meu nome em alguma linha especial, para ajudar a alavancar vendas e me tornar mais popular. O caminho mais fácil para conquistar um objetivo nem sempre é o melhor, lembrem-se disso sempre, meninas. Pode até ser mais rápido, mas não necessariamente a melhor estratégia de chegar ao topo.

Por fim, depois que lançamos os pincéis, o Rudy chegou a abandonar de vez o escritório em que trabalhava para se dedicar exclusivamente aos nossos projetos. Cada decisão sempre é tomada com muito cuidado.

Ainda tenho muitos outros sonhos e planos a serem realizados. Minha cabeça não para nunca; estou sempre pensando, maquinando as ideias!

O futuro a Deus pertence, mas tenho certeza de que não vou parar de trabalhar tão cedo. Quero lançar mais produtos. Pode ser que saia alguma parceria boa no futuro, mas tem que ser tudo muito bem estudado e pesquisado, porque eu e o Rudy somos muito criteriosos.

Amo demais o que faço! O YouTube é sensacional. Um espaço onde consigo me expressar e que me deu meios para desenvolver minha marca, divulgar algumas ideias mirabolantes (rs!) e, principalmente, conhecer vocês, *prins*.

Dicas da Mari

- Se vocês têm um sonho, não desistam! Ninguém poderá realizá-lo além de você!
- O caminho mais rápido nem sempre é o melhor;
- Nunca façam aos outros o que não gostariam que fizessem a você;
- Nada como dormir com a consciência tranquila!

O que não pode faltar no seu kit de make

*P*rincesas, prestem atenção! Nunca, mas nunca mesmo, saiam despreparadas de casa.

Claro que ninguém precisa fazer uma *make* "daquelas", de festa, pra ir pra escola ou faculdade. Menos é mais, né?

Melhor fazer uma pele suave (ou até usar um filtro solar com cor, por que não?), colocar um blushzinho só pra dar aquele aspecto de menina saudável, e um batom clarinho.

Eu mesma carrego sempre comigo um kit básico, que serve para retocar algo que escorreu, ou dar mais um *up* no visual.

Para as que preferem sair de casa mais preparadas, legal saber direitinho que tipo de *make* quer, e levar sempre duas opções de delineadores e batons de cores diferentes.

Estejam sempre preparadas para serem surpreendidas por algum convite daqueles que a gente fica esperando a semana inteira! Não podemos arriscar, hein?

Corretivo;

Cílios postiços;

Batons vermelho
e nude;

Delineador;

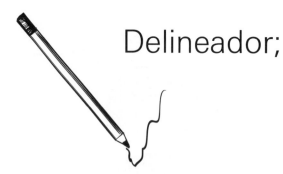

Uma bela base;

Pozinho para contorno;

Iluminador!

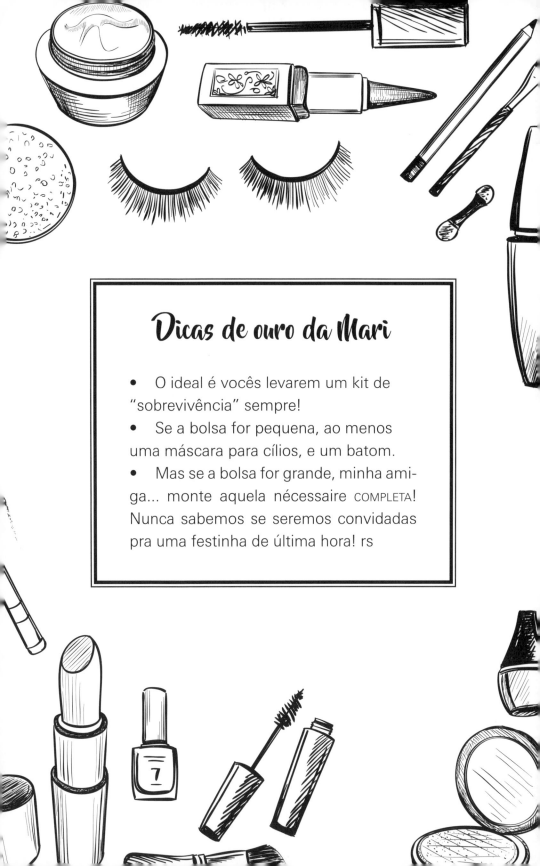

Dicas de ouro da Mari

- O ideal é vocês levarem um kit de "sobrevivência" sempre!
- Se a bolsa for pequena, ao menos uma máscara para cílios, e um batom.
- Mas se a bolsa for grande, minha amiga... monte aquela nécessaire COMPLETA! Nunca sabemos se seremos convidadas pra uma festinha de última hora! rs

O guia do pincel ideal

*M*eninas, como eu sempre digo, não existe uma fórmula que sirva de molde para todo mundo. O melhor jeito de aplicar base, sombra, corretivo, primer ou qualquer outro tipo de maquiagem é o SEU JEITO. Cada um tem uma maneira de aplicar com que se dá melhor. Tem gente que até prefere certos acabamentos feitos com os dedos, por exemplo. Então, NUNCA se esqueçam: o melhor jeito para ficar linda é o SEU jeito!

Cada técnica tem seus prós e contras, como tudo na vida! Mas, se você é como eu e ama pincéis, seguem algumas dicas.

Pincel, esponja ou dedos: existe um jeito melhor de aplicar base para ficar com a pele linda?

Esponjas

Existem alguns tipos de esponjas que gosto de usar, e com certeza vocês já as viram nos vídeos: as mais planas, achatadinhas, e as que parecem uma gota, os chamados *beauty blenders*.

Escolho qual usar de acordo com a base que vou passar e com o acabamento que quero. Aquelas que são mais porosas eu uso para aplicar o produto em pó, e as mais durinhas eu uso com produtos líquidos ou pastosos, assim como a esponja em formato de gota (umedeçam-na antes e vocês vão gastar menos produto e deixar a pele com uma aparência mais natural!).

Pincéis

Adoro pincéis, principalmente para a aplicação de base e para fazer aquele contorno maravilhoso – sem falar nos pincéis para esfumar os olhos! Acho esses indispensáveis! Pincéis são muito práticos, especialmente quando estamos buscando aquele acabamento perfeito. Para mim, é a melhor ferramenta que um maquiador pode ter ao seu lado.

Dedos

Os dedos são muito importantes para fixar a substância na pele. Eles facilitam, pois quase não absorvem produto. Acho fundamental a gente saber se maquiar com os dedos também! Não é sempre que temos disponíveis as ferramentas de que precisamos. Então, quando a gente consegue se produzir mesmo sem pincéis, o improviso fica muito mais fácil.

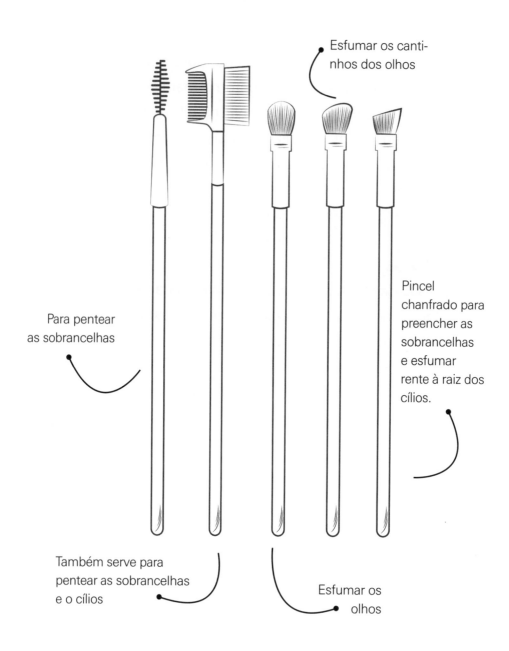

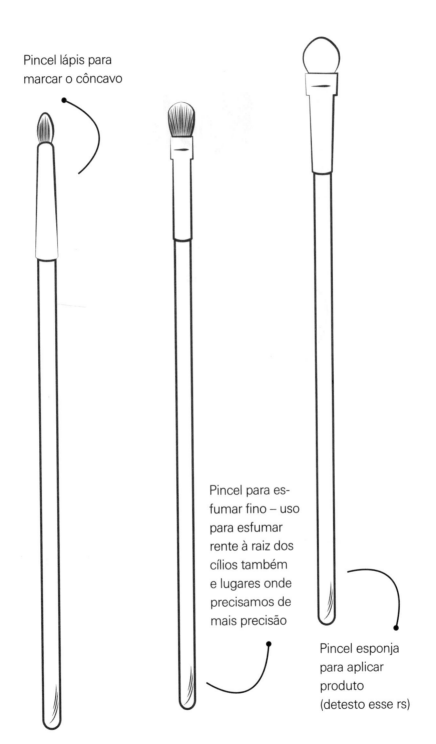

Pincel lápis para marcar o côncavo

Pincel para esfumar fino – uso para esfumar rente à raiz dos cílios também e lugares onde precisamos de mais precisão

Pincel esponja para aplicar produto (detesto esse rs)

POR TRÁS DA MÁSCARA

Rosto

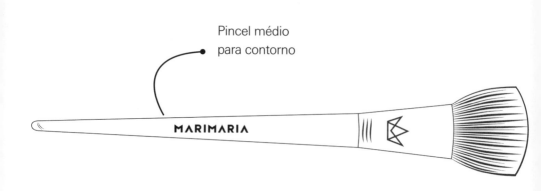

Pincel médio para contorno

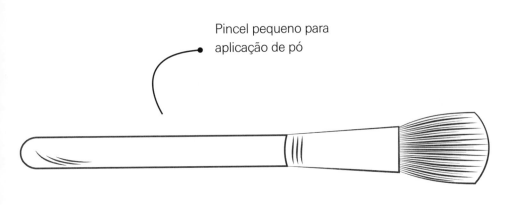

Pincel pequeno para aplicação de pó

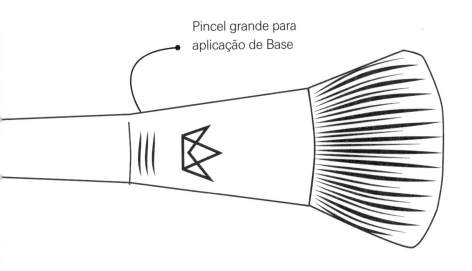

Pincel grande para aplicação de Base

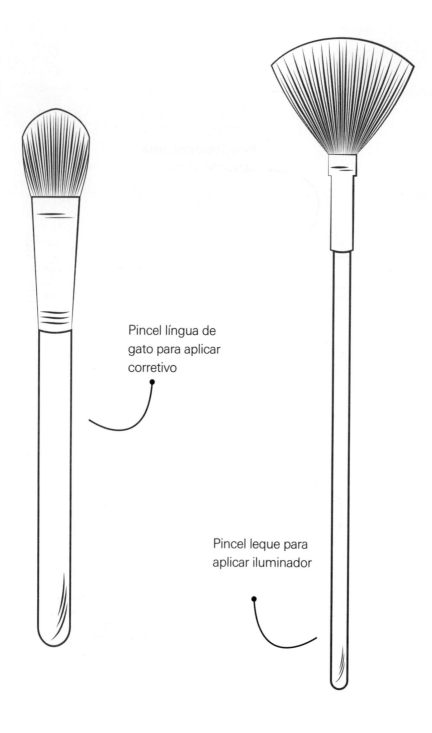

Pincel língua de gato para aplicar corretivo

Pincel leque para aplicar iluminador

Dicas da Mari: limpeza dos pincéis

- Para higienizar seus pincéis, o ideal é que se use xampu neutro e água fria. Tipo limpeza profunda mesmo!
- As esponjas também precisam ser bem limpas;
- Lavar pelo menos uma vez por semana é o mais correto;
- Depois de bem limpos, deixar secar ao natural, em cima de uma toalha limpa (pode-se até tirar o excesso da água antes, com a toalha). O secador de cabelos NÃO É indicado, pois pode derreter a cola e soltar os pelos.

O valor da make

É, princesas, infelizmente tudo nesta vida tem um valor... E vocês acreditam que existe até pesquisa científica que comprova que mulheres que usam maquiagem ganham melhor do que as que não usam?

Pois é. Segundo estudo da Universidade de Chicago, de junho de 2016, a vantagem de ser bonito não está somente relacionada com a genética, mas também inclui cuidados pessoais, como cabelo, roupa e maquiagem.

Foram analisados os salários de 14.600 homens e mulheres, e os dados foram comparados com as notas dos entrevistadores, que avaliavam o quanto os participantes eram atraentes e bem-cuidados.

Aqueles considerados mais bonitos ganhavam de 23% a 40% a mais do que os considerados menos bonitos. Nesse caso, o mais curioso foi que a beleza dependia de fatores além da aparência física! Foi constatado que os mais bem-vestidos, penteados e maquiados (no caso das mulheres) ganhavam melhores salários.

Aqui no Brasil também existem pesquisas e estudos que falam da maquiagem. Em 2013, o Instituto Brasileiro de Geografia e Estatística (IBGE) revelou que o brasileiro gasta mais com beleza do que com comida. O setor de beleza cresce a cada ano...

Pensando não somente na questão da *make*, o que gosto de dizer é que o fundamental é nos sentirmos bem sempre! Independentemente de usarmos maquiagem ou não.

Se sentir bonita depende primeiro de nós. Depois, os outros podem vir e falar o que quiserem. O primeiro passo para o nosso bem-estar tem que ser dado por nós!

Uma outra pesquisa, feita pelo jornal *Daily Mail*, da Inglaterra, aponta que muitas mulheres passam mais da metade do dia maquiadas! Nossa! São aproximadamente 13 horas por dia! Nem parece tanto, não é?

Foram pesquisadas 2 mil mulheres em suas rotinas e concluiu-se que elas gastavam em média 11 minutos cuidando da aparência com as *makes*. Muitas delas disseram que se recusavam a sair de casa de "cara lavada", porque se sentiam muito mais confiantes quando se produziam.

Pensando nessa pesquisa, resolvi dar um *help* com o que vocês podem fazer para ficar lindas, a começar pelo cuidado específico com a pele. Afinal, de nada adianta a gente usar maquiagem boa e se produzir toda, se a pele está sofrendo com isso, né?

Minha pele, minha vida

Vocês sabem que sou enlouquecida por uma pele bonita, né? Mas nem sempre fui como vocês me veem hoje. Tive muito problema com espinhas quando era mais nova...

Na real, tenho paixão por espremer espinha! Credo! Eu gostava tanto de espremer as do meu pai que acabei "cultivando" as minhas próprias criaturas no rosto! Eu espremia meu rosto de propósito para sair espinha. Aparecia um cravinho, eu espremia e, quanto mais você espreme, mais estimula, porque infecciona. Então, meninas, NUNCA façam isso!

Hoje em dia, me policio muito... porque já tive de fazer um tratamento supersério para controle das espinhas. Tomei um remédio que só é vendido com prescrição médica, por ser muito forte e causar efeitos colaterais horríveis.

Faço tudo com acompanhamento do meu dermatologista. Muitos famosos usam esses remédios para manutenção, para deixar a pele sempre lisinha, mas tudo tem seu preço, e não adianta ter o rosto lindo e ficar doente.

Como trabalho com pele, sinto necessidade de ter o rosto lisinho. Quando você vê que sua pele está incrível, quer que ela continue assim para sempre. E o melhor método para conseguir esse efeito é se cuidar.

Usar protetor solar TODOS OS DIAS e limpar o rosto com os produtos indicados pelo dermatologista.

As espinhas também nascem de acordo com fatores genéticos, sabiam? Algumas pessoas têm mais tendência a tê-las do que outras. Os cravos podem nascer em qualquer pessoa e em qualquer idade, mas é na adolescência que nossos hormônios começam a ser "ajustados" e acabam aumentando o número de glândulas sebáceas da pele.

O entupimento dos poros é um fator que contribui para a aparição das espinhas. O simples fato de sairmos todos os dias de casa já contribui para o desenvolvimento delas, por causa da poluição e do suor. Por isso, o cuidado diário com a limpeza da pele é superimportante.

Há alguns anos, as maquiagens eram feitas à base de óleo, e todo mundo sofria porque os poros ficavam entupidos, o que contribui para o aumento da acne. Hoje em dia, porém, existem maquiagens que até ajudam a cuidar da pele!

Quando a gente usa muita maquiagem, os cuidados têm que ser ainda maiores... Não se pode dormir usando maquiagem. Nunca. Mesmo que você chegue da balada superexausta, tem que lavar o rosto com água e o sabonete que seu dermatologista indicar, limpar o que for mais pigmentado com demaquilante (máscara para cílios, por exemplo) e, por fim, passar um hidratante.

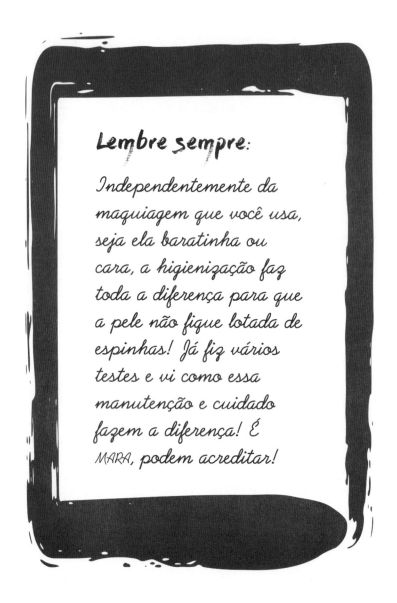

Lembre sempre:

Independentemente da maquiagem que você usa, seja ela baratinha ou cara, a higienização faz toda a diferença para que a pele não fique lotada de espinhas! Já fiz vários testes e vi como essa manutenção e cuidado fazem a diferença! É MARA, podem acreditar!

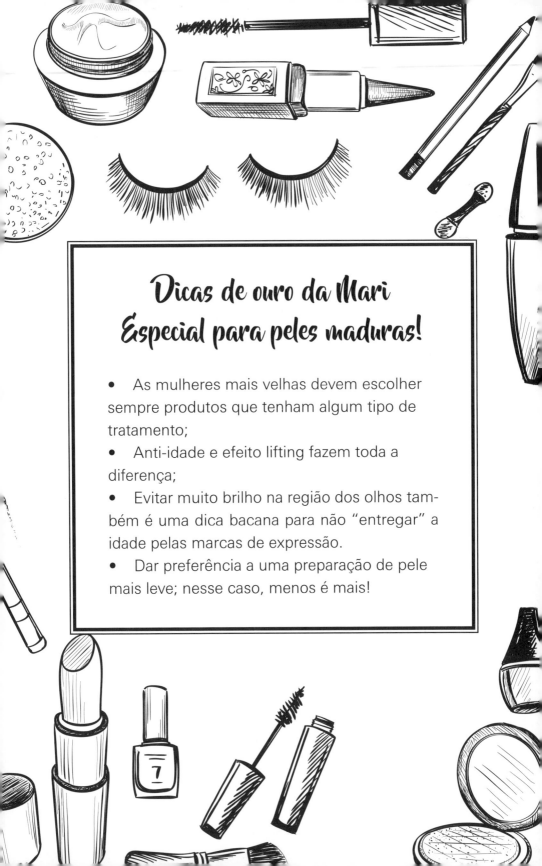

Dicas de ouro da Mari
Especial para peles maduras!

- As mulheres mais velhas devem escolher sempre produtos que tenham algum tipo de tratamento;
- Anti-idade e efeito lifting fazem toda a diferença;
- Evitar muito brilho na região dos olhos também é uma dica bacana para não "entregar" a idade pelas marcas de expressão.
- Dar preferência a uma preparação de pele mais leve; nesse caso, menos é mais!

Mari por Mari

- NÃO TOLERO HIPOCRISIA E FALSIDADE;

- CURSEI FACULDADE DE ESTÉTICA;

- CASEI COM **21** ANOS;

- EU SOFRIA *BULLYING* NA ESCOLA;

- AMO ANDAR A CAVALO. É O ÚNICO MOMENTO EM QUE ME SINTO LIVRE DE VERDADE, EM QUE POSSO PENSAR... ACHO ISSO MUITO IMPORTANTE;

- AMO UM "REBOCO", MAS TAMBÉM CURTO MINHA PELE AO NATURAL.

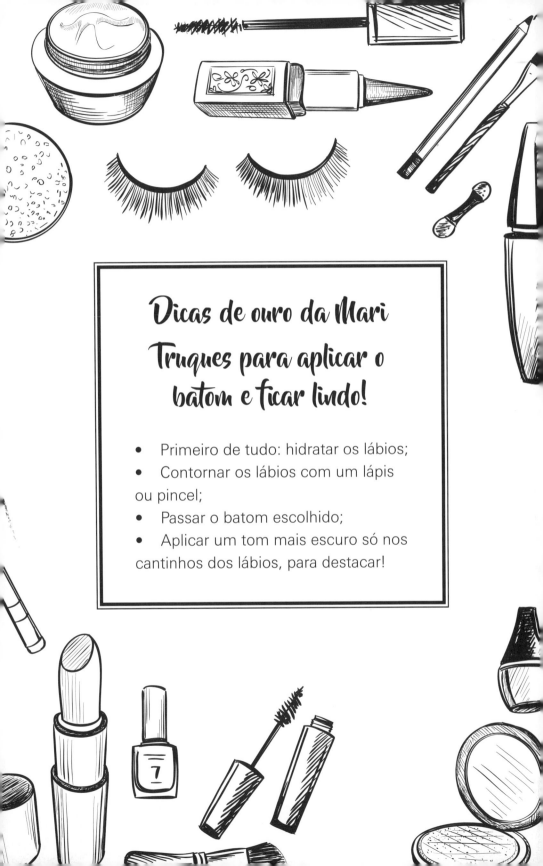

Dicas de ouro da Mari
Truques para aplicar o batom e ficar lindo!

- Primeiro de tudo: hidratar os lábios;
- Contornar os lábios com um lápis ou pincel;
- Passar o batom escolhido;
- Aplicar um tom mais escuro só nos cantinhos dos lábios, para destacar!

Pingue-pongue

*M*eninas, já brincaram de pingue-pongue?

É muito legal, e serve também para as pessoas se conhecerem melhor. Experimentem: juntem as amigas e comecem a brincadeira! Ou até tentem responder umas pelas outras, a fim de mostrar como vocês se conhecem bem!

Divirtam-se!

NOME: Mariana Maria Mendonça

NASCIMENTO: 29 de novembro de 1992

ALTURA: 1,59m

COR FAVORITA: preto

COMIDA: japonesa

SE NÃO FOSSE YOUTUBER, SERIA: atriz

UM SONHO: ter filhos

MELHOR VIAGEM: Disney

ANIMAL: A Blush, mas também gosto muito de cachorros e cavalos em geral

ESPORTE: correr

FILME: *Jurassic Park* e *Diário de uma paixão*

LIVROS: *Diário de uma paixão* e *A cabana*

UMA PESSOA QUE TE INSPIRA: Meu pai

HOBBY: "Esmagar" a Blush e andar a cavalo.

COSMÉTICO FAVORITO: Base

BEBIDA FAVORITA: Água

LIVRO FAVORITO: *O pequeno príncipe*

UM MEDO: Espíritos

UMA VERGONHA: Mentira

UMA SITUAÇÃO CONSTRANGEDORA: Ser roubada

EMOJI FAVORITO: Emoji com olhinhos de coração

PRAIA OU MONTANHA: Rio de Janeiro

CHUVA OU SOL: Sol

TIME DE FUTEBOL DO CORAÇÃO: Seleção Brasileira

UM ESTILO DE MÚSICA: Sertanejo

NOME DE MENINO: Thor

NOME DE MENINA: Lara

DIA OU NOITE: Dia

UM LUGAR PARA PASSAR O INVERNO: Fazenda

UM LUGAR PARA PASSAR O VERÃO: Praia

CANÇÃO FAVORITA: Várias, sou muito eclética

FRASE QUE TE DÁ FORÇAS: "Tudo passa"

UM SONHO QUE AINDA NÃO SE REALIZOU: Ser mãe

LUGAR QUE QUER CONHECER: Ilhas Maldivas/Bora Bora

UMA MANIA: Morder o cabelo

UM DEFEITO: Ser explosiva

UMA COISA QUE NÃO CONSEGUE FAZER DE JEITO NENHUM:
Mentir

ÍDOLO DE INFÂNCIA: Miley Cyrus

SOL E ASCENDENTE: Sagitário em Câncer

REDE SOCIAL FAVORITA: Instagram

LOOK FAVORITO: Pretinho básico

BLOGUEIROS E YOUTUBERS QUE TE INSPIRAM: Todas

MATÉRIA FAVORITA NA ESCOLA: Artes

O QUE VOCÊ LEVARIA PARA UMA ILHA DESERTA: Meu kit de maquiagem e protetor solar

UM ESPORTE: Futebol

FALA OUTRA LÍNGUA? QUAL? Inglês

VOCÊ MUDARIA ALGO NO SEU CORPO: O nariz, porque tenho desvio de septo.

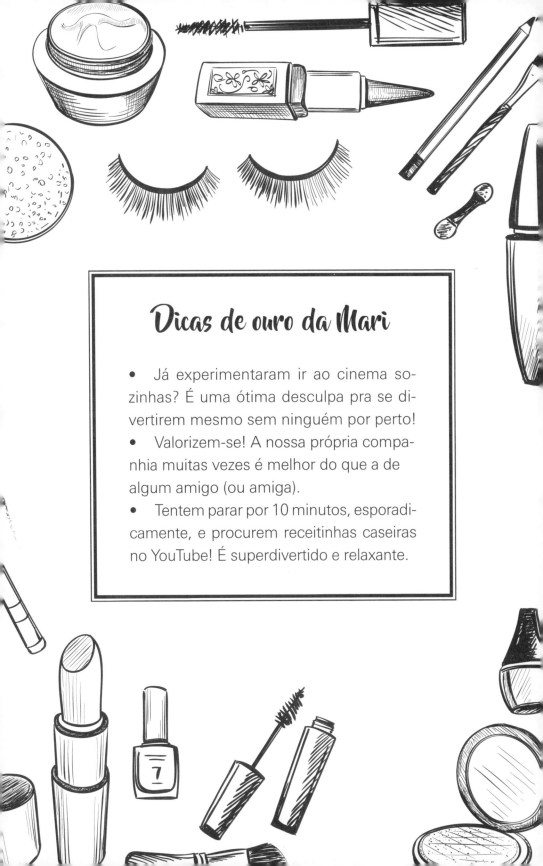

Dicas de ouro da Mari

- Já experimentaram ir ao cinema sozinhas? É uma ótima desculpa pra se divertirem mesmo sem ninguém por perto!
- Valorizem-se! A nossa própria companhia muitas vezes é melhor do que a de algum amigo (ou amiga).
- Tentem parar por 10 minutos, esporadicamente, e procurem receitinhas caseiras no YouTube! É superdivertido e relaxante.

Mari na cozinha

*A*cho que todo mundo deve ter aquela lembrança de quando era criança, das brincadeiras, dos amigos, das viagens... Eu, pelo menos, trago um monte de boas memórias. 😍

Mas uma das coisas de que mais sinto saudade é de sentir o cheirinho de comida que vinha da nossa cozinha. Como já falei no capítulo "Anjos em minha vida", eu vivia grudada com a Gê, que trabalhava na casa da minha mãe.

Ela fazia aquelas comidas mineiras deliciosas, temperadas, e não tinha quem não gostasse! Eu, mesmo magrinha, sempre gostei de comer!

Hoje cuido mais do meu corpo, mas quando pequena comia mesmo. Doce, salgado, o que tivesse... Como sempre fui muito moleca, brincava muito e vivia correndo, então era difícil eu engordar.

Depois que me casei com o Rudy, continuei com essa mania de gostar de encher a minha casa com coisas deliciosas...

No supermercado, minha área preferida é a dos chocolates! Eu amo e piro no corredor dos chocolates!

As frutas também fazem parte das minhas compras – além das carnes! Resumindo: além dos doces e chocolates, as carnes são a minha paixão!

Sempre que podemos, reunimos os amigos para um churrasco! Acho muito importante cultivar as amizades e os vínculos que tenho com minha família!

O mais legal lá em casa é o almoço de domingo, no qual sempre que podemos tentamos reunir a família inteira. Pense, é um monte de gente! Depois de dias longe de casa, nada é melhor do que uma reunião para relembrar nossas histórias e experiências!

RECEITA FAVORITA

Bombom de morango de colher

Ingredientes:

- 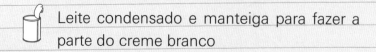 Leite condensado e manteiga para fazer a parte do creme branco

- Chocolate em barra e creme de leite para a parte escura

- 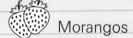 Morangos

São 3 camadas: os morangos por baixo, leite condensado com a manteiga, e chocolate com creme de leite (vocês derretem o chocolate com o creme de leite sem soro).

Modo de preparo:

- Colocar o leite condensado e a manteiga e levar ao fogo, mexendo sempre até começar a soltar do fundo da panela.
- Acrescentar 1 lata de creme de leite e mexer. Reservar num pirex.
- Deixar esfriar e colocar os morangos.
- Derreter o chocolate em banho-maria (um pirex dentro de uma panela com água, não queimar).
- Montar do jeito que preferir... Morango por baixo ou por cima do creme branco, e o chocolate por cima!
- Levar à geladeira!

Fica lindo se vocês montarem porções individuais!

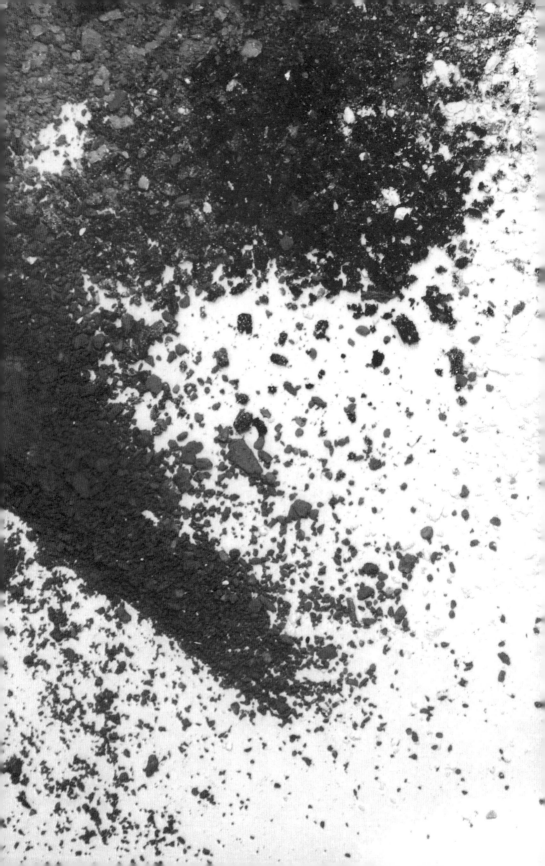

Quiz da Mari

Vamos tentar descobrir qual estilo de make combina mais com você?

1 - Você se considera uma pessoa...

a) Confiante.

b) Simpática.

c) Carismática.

2 - Prefere cores...

a) Claras.

b) Escuras.

c) Neutras.

3 - Quando te convidam para uma balada, você...

a) Não topa, porque é mais caseira.
b) Não para de dançar nunca.
c) Só fica com as amigas.

4 - Você se considera...

a) Sociável.
b) Antissocial.
c) Um pouco sociável, um pouco antissocial.

5 - Qual sapato você ama?

a) Salto.
b) Tênis.
c) Rasteirinha.

6 - Você é mais...
a) Da manhã.
b) Da noite.
c) Da tarde.

7 - Qual é o seu emprego ideal?
a) Empresária.
b) Top model.
c) Chef de cozinha.

8 - Qual sua paleta de cores favorita?
a) Tons de cor-de-rosa.
b) Colorida.
c) Nude.

RESPOSTAS

— Se você respondeu mais a letra A: seu estilo de make é o CLÁSSICO.
Pele: leve.
Olhos: marcados com cílios, pouca sombra.
Boca: nude e rosa da estação.

— Se você respondeu mais a letra B: seu estilo de make é o MODERNO.
Pele: reboco iluminado.
Olhos: delineado de gatinho com cílios suaves.
Boca: vermelho e colorida.

— Se você respondeu mais a letra C: seu estilo de make é o NATURAL.
Pele: suave e iluminada.
Olhos: máscara de cílios.
Boca: gloss.

Sobre a autora

Mari Maria é natural de Minas Gerais, mas mudou-se posteriormente para Brasília, onde mora até hoje. Empresária, maquiadora e influenciadora digital, acabou de lançar sua linha de pincéis e é um verdadeiro fenômeno nas redes sociais. Com agenda lotada de compromissos, ela é uma estrela em ascensão no mundo da moda e da beleza.